Annelies Schwarz

3-Minuten-Kindergarten-geschichten

Illustrationen von Lila L. Leiber

Loewe

Die Deutsche Bibliothek – CIP-Einheitsaufnahme

Schwarz, Annelies:
3-Minuten-Kindergartengeschichten / Annelies Schwarz.
Ill.: Lila L. Leiber.
– 1. Aufl. – Bindlach : Loewe, 2002
ISBN 3-7855-4343-3

*Der Umwelt zuliebe ist dieses Buch
auf chlorfrei gebleichtem Papier gedruckt.*

ISBN 3-7855-4343-3 – 1. Auflage 2002
© 1999, 2002 Loewe Verlag GmbH, Bindlach
Früher u. d. T.: Leseraupen-Kindergartengeschichten
Umschlagillustration: Lila L. Leiber
Umschlaggestaltung: Andreas Henze
Herstellung: Annette Schnauder

www.loewe-verlag.de

Inhalt

Das Geschenk

„Guck mal, wir haben Besuch", sagt Linda und stupst ihre
Freundin Tina an. Die beiden Mädchen schauen zur Tür
ihres Kindergartens. Dort steht eine fremde, alte Frau.

„Die sieht aber komisch aus!", flüstert Tina und zieht
Linda näher zur Tür. Auch die anderen Kinder der Bärengruppe kommen angelaufen.

Die Frau lächelt geheimnisvoll. Auf ihrem Kopf trägt sie
einen großen Hut mit langen Federn. Der Mantel besteht
aus lauter bunten Flicken. Unter dem Mantel hat sie ein
Päckchen versteckt. „Was da wohl drin ist?", flüstert Linda.

„Ich bin Frau Katzenberger", stellt sich die fremde
Dame vor. Ihre Stimme klingt tief und weich. „Ich habe
beim Aufräumen auf dem Dachboden meine alten Kasperpuppen gefunden. Vielleicht wollen die Kinder mit ihnen
spielen", sagt sie.

„Das ist eine tolle Idee!", ruft Ilona, die Erzieherin.
Gespannt schauen die Kinder zu, wie Frau Katzenberger
den Karton öffnet.

„Es sind ganz besondere Puppen", sagt sie geheimnisvoll,
„ihr müsst sie sehr gut behandeln." Ganz vorsichtig holt sie
den Kasper und die Prinzessin heraus. Linda hält die
Prinzessin, und Ali hat den Kasper bekommen.

Da ruft Ali auf einmal ganz laut: „Ich finde den Kasper
doof! Der hat ja eine abgeschabte Nase und ist alt!"

Ali wirft den Kasper einfach auf den Tisch zurück.
Die Kinder sind auf einmal still. Entsetzt gucken sie Ali
und den Kasper an.

 10

Sein Freund Malte gibt Ali den Kasper wieder zurück.
Doch was ist das? Kaspers Lachmund, der eigentlich
von einem Ohr bis zum anderen reicht, ist ein trauriger,
kleiner Mund geworden.

„Was ist denn mit dem Kasper los?", fragt Ali.

„Den hast du ganz schön beleidigt", sagt Malte.

„Los, lach wieder!", sagt Ali zum Kasper und schüttelt
ihn.

„Was bildest du dir eigentlich ein? Auf Befehl geht das
nicht!", schimpft der Kasper. Ali lässt ihn entsetzt fallen.

„Die Puppe kann ja sprechen", sagt er. Er spürt die Hand
der fremden Frau auf der Schulter.

„Denkt daran, ihr müsst sehr nett zu den Puppen sein",
sagt sie und lächelt wieder geheimnisvoll.

„Ob die Prinzessin auch sprechen kann?", fragt Linda.

„Na klar", antwortet die Puppe in ihrer Hand, „ich
heiße Oliane!"

Ali schaut den traurigen Kasper an. „Weißt du was?
Ich zeig dir den witzigen Löwen. Der macht immer nur
Quatsch, da kannst du ganz bestimmt bald wieder lachen!"

 # Die Quarkspeise

Linda und Timo helfen Ilona beim Kochen. Sie dürfen die
Quarkspeise anrühren. Die große Schüssel steht bereits auf
dem Küchentisch. Sie holen Quark und Milch aus dem
Kühlschrank, stellen Zucker und Himbeersirup dazu.

   Da hüpft Prinzessin Oliane zur Tür herein. „Ich möchte
auch mithelfen!", ruft sie. Schnell klettert sie auf den
Tisch.

   „Du kannst den Zucker dazugeben", sagt Linda.

   „Au fein!", jubelt die Prinzessin. Schwungvoll kippt sie
gleich das Schälchen voller Zucker über den Quark.

   „Halt! Das ist zu viel!", sagt Linda entsetzt.

Timo löffelt den Zuckerberg wieder zurück in die Schale.

Nun füllt Linda die Quarkspeise in kleine Glasteller.
Timo gießt tolle rote Ringe aus Himbeersirup darüber.

„Wie hübsch!", ruft Prinzessin Oliane. „Und was darf
ich jetzt machen?", fragt sie wieder.

„Du kannst die Schokostreusel darüber streuen", sagt
Timo, „aber nur ein paar zur Verzierung."

Diesmal passt Prinzessin Oliane auf, dass nicht zu viele
Streusel aus der Dose herausfallen.

„Unsere Prinzessin macht das wirklich gut!", lobt Ilona.
„Da könnt ihr mir schon mal beim Tischdecken helfen!"

Timo und Linda tragen gleich die Teller in das Speisezimmer und decken den Tisch.

Die Prinzessin bleibt allein in der Küche. „Irgendwas
fehlt noch", überlegt sie. Langsam schaut sie sich um.
Da entdeckt sie die Gewürzdosen im Regal.

„Das sieht gut aus", denkt sie und streut etwas
Kräutersalz über die Quarkspeise. Als Nächstes öffnet sie
das Knoblauchpulver. „Das riecht aber ziemlich stark.
Darum nehme ich lieber nicht so viel." Vorsichtig streut
die Prinzessin den Knoblauch über den Quark. Dann
nimmt sie die Pfefferdose und kippt auf jedes Schälchen
ein paar dunkle Pfefferkrümel.

„So, und ganz obendrauf noch mal Schokostreusel.
Fertig! Da werden die Kinder aber staunen, wie toll ich
kochen kann." Zufrieden betrachtet Oliane ihr Werk.

„Mmmh, endlich Nachtisch", freut sich Ali.

Ilona teilt die Glasteller mit dem Nachtisch aus.

Ali taucht als Erster den Löffel tief in die Quarkspeise und steckt ihn in den Mund.

„Igitt! Wie schmeckt das denn! Salzig, bitter, ekelig!", ruft er.

„Pfui, das esse ich nicht, da sind ja Pfefferkrümel drin!", schreit Malte und schüttelt sich. Auch die anderen Kinder verziehen das Gesicht.

„Was ist denn bloß mit der Quarkspeise passiert?", fragt Ilona entsetzt.

Schuldbewusst hüpft Prinzessin Oliane auf Ilonas Schoß. „Bitte nicht schimpfen", sagt sie. „Ich dachte, was in den hübschen kleinen Dosen ist, muss auch lecker schmecken."

Zum Glück müssen alle Kinder darüber lachen.

„Das nächste Mal musst du erst probieren, bevor du ein fremdes Gewürz benutzt", sagt Ilona.

Der Wasserhahn

Schon längst sind die letzten Kinder der Bärengruppe nach
Hause gegangen. Bevor Ilona geht, wirft sie einen Blick auf
die Kasperpuppen. „Tschüss, bis morgen!", ruft sie.
Dann fällt die Tür ins Schloss.

„Plok-plok-plok." Die Prinzessin hört ein seltsames
Geräusch. „Was ist das?", fragt sie besorgt.

„Ich sehe mal nach", sagt der Kasper mutig und hüpft
vom Regal herunter.

„Warte, Kasper, ich komme mit!", ruft die Prinzessin.
Die beiden lauschen angespannt. Das seltsame Geräusch
kommt aus dem Waschraum. „Plok-plok-plok."

„Ob da jemand drin ist?", fragt die Prinzessin leise.

„Wir gucken mal", sagt der Kasper und schiebt die Tür
ein wenig auf. Neugierig schauen die beiden in den Wasch-

raum hinein. „Plok-plok-plok!" Das Geräusch kommt vom hintersten Waschbecken.

„Der Wasserhahn tropft. Ich drehe ihn zu. Bitte, Kasper, mach eine Räuberleiter", sagt Oliane. Sie steigt auf Kaspers Hände, klammert sich am Waschbeckenrand fest und zieht sich hoch. Nun balanciert sie auf dem Beckenrand entlang. Hoppla, fast wäre sie abgerutscht! Schnell hält sie sich am Wasserhahn fest.

„Dreh ihn einfach herum!", ruft Kasper. Das ist gar nicht so leicht. Die Prinzessin muss sich ganz schön anstrengen.

Plötzlich schießt ein riesiger Schwall Wasser aus dem Hahn, und sie wird von Kopf bis Fuß nass. Sogar der Kasper hat etwas abbekommen und schüttelt sich.

„Und jetzt?", fragt Oliane verzweifelt.

„Dreh den Hahn mal in die andere Richtung", sagt der Kasper.

Oliane dreht mit aller Kraft. Doch das Wasser sprudelt immer weiter und spritzt auf den Waschraumboden.

„Warte, ich helfe dir!", ruft der Kasper.

Prinzessin Oliane reicht ihm die Hand herunter und zieht ihn zu sich herauf. Gemeinsam drehen sie an dem Hahn. „Hau ruck!", ruft der Kasper. Endlich ist der Hahn zu. Beide hüpfen vom Waschbecken. Platsch – landen sie mitten in einer Pfütze.

„Wie kriegen wir nur das Wasser weg?", fragt Oliane besorgt.

Da hat der Kasper eine Idee. Er wirft ein paar Handtücher über die Wasserlache.

„Siehst du, die saugen das Wasser auf", sagt er zufrieden.

Pudelnass laufen der Kasper und die Prinzessin in den Gruppenraum zurück. Dort trocknen sie sich die nassen Kleider an der Heizung. Gerade als sich die beiden schlafen legen wollen, tönt es wieder aus dem Waschraum: Plok-plok-plok!

„Die Kinder sollen den Wasserhahn morgen mit ihren großen Händen fest zudrehen", sagt Oliane und gibt Kasper einen Gutenachtkuss.

Das Schloss

Aus dem Spielzimmer dringt lautes Geschrei. „Immer
willst du alle Sachen für dich haben! Wir wollen auch
mitspielen. Gib den Baustein her, der gehört mir! Au, du
tust mir weh!" Jetzt hört Ilona ganz deutlich Alis Stimme:
„Ilona, Malte gibt die Bausteine nicht her."

„Was ist denn da los?", fragt sich Ilona und eilt zu den
Kindern.

    Einige Kinder balgen sich am Fußboden, und mitten-
drin ist Malte. Er liegt bäuchlings auf dem Teppich und
schlingt die Arme um einen Berg Bausteine. Unter seinem
Bauch liegen auch welche.

„Die kriegt keiner!", schimpft er trotzig.

„Was hast du denn?", fragt Ilona.

„Die brauch ich alle für mein Haus, und die anderen wollen sie mir wegnehmen", brummt Malte.

„Mit den Bausteinen darf jeder spielen. Du kannst nicht alle allein haben. Gib den anderen welche ab. Bitte, Malte!" Ilonas Stimme klingt streng, doch Malte rührt sich nicht von der Stelle.

Da hüpft Prinzessin Oliane ins Zimmer. Sie setzt sich einfach mitten auf Maltes Bausteinberg.

Malte guckt erstaunt. Aber er will die Prinzessin nicht fortjagen, denn er mag sie.

„Habt ihr Lust, ein riesengroßes Schloss für den Kasper und mich zu bauen?", fragt Oliane.

Inzwischen ist auch der Kasper dazugekommen. Er zieht einfach an dem blauen Klötzchen, das unter Maltes Bauch hervorguckt. „Solche brauchen wir für die Schlosstreppe", sagt der Kasper. „Hast du vielleicht noch mehr davon?"

Verdutzt setzt sich Malte auf. Wirklich, da liegen die dicken, langen Bausteine, die er versteckt hatte.

Der Kasper beginnt gleich, eine breite Treppe zu bauen.

Malte wird von Kaspers Eifer angesteckt und hilft mit.

„Ich baue einen Turm!", sagt Timo.

„Und ich baue mit Ali die Schlossmauer", sagt Theresa.

„Und ganz oben auf die Treppe sollt ihr einen Thron bauen. Auf dem will ich mit Kasper sitzen und das Land regieren", sagt Prinzessin Oliane.

Den ganzen Vormittag bauen die Kinder zusammen.

„Wie schön alles ist!" Die Prinzessin klatscht vor Freude in die Hände.

Jetzt steigt sie mit Kasper feierlich die breite Treppe hinauf, und beide setzen sich auf den Thron. Doch Kasper kann einfach nicht stillhalten.

„Hallo, ihr Kinder, seid ihr alle da?", ruft er und fuchtelt mit den Armen. Dabei stößt er an die Schlosswand. Oh weh! Sie wackelt!

„Pass auf, Kasper!", rufen die Kinder.

Zu spät, mit Gepolter fällt das ganze Schloss zusammen. Traurig stehen die Kinder um den Bausteinhaufen herum.

Da hat Malte eine Idee. „Wenn ihr Lust habt, bauen wir alle zusammen morgen noch ein viel schöneres Schloss!"

Das Versteckspiel

„Fang mich doch!", rufen die Kinder. Gemeinsam mit Ilona toben sie durch den Park.

Auch Prinzessin Oliane und der Kasper sind mit dabei. Sie spielen mit Jakob und Linda Verstecken. Ganz still hocken die zwei unter einem Busch. Jakob und Linda sollen sie suchen.

„Wo seid ihr?", ruft Linda. Sie läuft ganz nah am Busch vorbei. Aber sie entdeckt die beiden nicht.

Jakob sucht am anderen Ende des Parks.

„Der findet uns nie!", flüstert die Prinzessin. Nun ist es ganz still im Busch, nur von weitem sind die Kinder zu hören.

„Kasper, Prinzessin, wo seid ihr?", ruft Jakob.

„Haben wir nicht ein tolles Versteck?", sagt der Kasper.

25

Die Kinder laufen immer weiter weg. Ihre Stimmen sind kaum noch zu hören. Langsam wird es dem Kasper und der Prinzessin zu langweilig.

„Sie suchen uns gar nicht mehr, lass uns zu den Kindern gehen", sagt die Prinzessin. Schnell rennen sie zu den Klettertürmen. Dort ist niemand mehr.

„Sie sind bestimmt schon zurückgegangen", sagt Oliane. Die zwei nehmen die Abkürzung über die große Wiese.

Oh weh, da kommt ein großer Hund angelaufen! Er knurrt und zeigt die Zähne.

„Er will uns beißen!", ruft die Prinzessin voll Angst. Der Hund kommt immer näher.

„Kasper, fällt dir denn gar nichts ein?", ruft Oliane. „Der Zauberer hat dir doch so viele Tricks gezeigt!"

Der Kasper denkt nach. „Abrakadabra, dreimal schwarzer Kater, bleibe stehen!", ruft er dem Hund zu.

„Er bleibt wirklich stehen!", freut sich Oliane. „Aber was ist bloß mit ihm passiert?"

Statt des Hundes steht ein Kater auf der Wiese.

„Das war der falsche Zauberspruch", sagt der Kasper erschrocken.

Da kommen die Kinder angelaufen. „Endlich haben wir euch gefunden!", sagen sie. „Wo habt ihr euch denn bloß versteckt? Wir haben euch schon im ganzen Park gesucht."

Auch Ilona ist erleichtert, dass die beiden wieder da sind. „Jetzt aber schnell zurück in den Kindergarten", sagt sie.

„Ich muss noch etwas erledigen!", ruft der Kasper. Er
dreht sich um und schaut dem verzauberten Kater fest in
die Augen. „Eins und eins macht zwei, Hund oder Kater,
sei wieder frei!"

Diesmal klappt der Zauberspruch. Der Kater verschwin-
det in einer Nebelwolke.

Und dann steht auch schon der Hund wieder da. Wie
ein geölter Blitz läuft das verschreckte Tier über die Wiese
davon.

Der Unfall

Auf dem Hof vor dem Kindergarten herrscht ein wildes Durcheinander. Alle Kinder haben ihre Roller, Dreiräder und Fahrräder mitgebracht. Herr Pauls, der freundliche Polizist, ist auch da. Er will den Kindern zeigen, wie sie sich auf der Straße verhalten sollen.

Prinzessin Oliane sitzt auf der Lenkstange von Lindas Fahrrad. Der Kasper sitzt bei Malte auf dem roten Dreirad.

Alle beobachten, wie Herr Pauls mit bunter Kreide Straßen und eine Kreuzung auf die Pflastersteine zeichnet. Er stellt Verkehrsschilder auf, eine kleine Ampel kommt auf die Kreuzung.

Der Kasper wird schon ganz zappelig vor Aufregung: „Wann dürfen wir endlich fahren?"

„Wenn Herr Pauls das Startzeichen gibt", sagt Malte.

Da hält es Kasper nicht mehr auf dem Dreirad aus. Er hüpft auf die aufgezeichneten Straßen. Er flitzt durch die Beine des Polizisten und balanciert die Linien entlang.

„Halt, Kasper!", ruft Herr Pauls. „Du verwischst mit deinen Schuhen die Kreidestriche!" Unglaublich! Der Kasper macht dem Polizisten einfach eine lange Nase.

„Ich hole ihn zurück", sagt Prinzessin Oliane und klettert von Lindas Fahrrad.

Der Kasper läuft vor ihr davon, doch sie erwischt ihn beim Kragen. „Du musst warten, bis wir alle fahren dürfen", schimpft sie.

Endlich ist Herr Pauls fertig. „Also, Kinder, denkt an die
Verkehrsregeln!", ruft er. Dann pfeift er auf der Triller-
pfeife das Startsignal.

Die Kinder fahren los. Sie fahren die Straßen entlang,
warten am Stoppschild, warten an der Ampel, wenn sie Rot
zeigt. Alles ist beinahe wie im richtigen Straßenverkehr,
nur die großen Autos fehlen.

Kasper wird übermütig. Er turnt auf der Lenkstange
herum, klettert auf Maltes Schulter und ruft: „Schneller!
Schneller!" In den Kurven hält sich der Kasper an Maltes
Kopf fest. Ab und zu zwickt er Malte ins Ohr. Jetzt hält er
sogar noch die Hände vor Maltes Augen!

31

„Ich sehe nichts!", ruft Malte und macht gleich eine Vollbremsung. Dabei saust der Kasper von Maltes Schulter herunter auf die Straße.

„Wir brauchen einen Sanitäter!", ruft der Polizist und hebt den Kasper wieder auf. Ilona bringt schnell den Verbandskasten.

Zum Glück hat Kasper nur Schürfwunden an den Armen und Beinen.

„Versprich mir, dass du nie mehr auf der Straße herumkaspern willst", sagt Herr Pauls zu ihm. Der Kasper nickt. Dann säubert ihm Ilona die Wunden, und die Prinzessin klebt ihm bunte Pflaster drauf.

Der Karneval

Kasper liegt noch in seinem Bett und schläft, nur Prinzessin Oliane ist schon wach. Sie hört plötzlich eine raue, laute Stimme aus dem großen Speisezimmer.

„Geld oder Leben!", sagt jemand. Sie erschrickt. Gibt es da etwa einen Überfall? Leise schleicht sie zur Tür und guckt durchs Schlüsselloch.

„Schnell, aufwachen!", ruft sie Kasper zu. „Im Speisezimmer ist ein riesengroßer Räuber mit einem dicken Knüppel!" Wieder guckt sie durchs Schlüsselloch.

Der Räuber bedroht gerade einen Indianer. Ein König steht auch daneben. Oliane traut ihren Augen nicht. Sogar eine Prinzessin mit einer goldenen Krone hüpft im Speisezimmer herum. Sie ist so groß wie Linda. Ein Zauberer reißt die Tür auf. Oliane springt schnell zur Seite.

„Hallo, ihr Lieben!", sagt er. „Habt ihr nicht Lust, mit uns Karneval zu feiern?"

Jetzt ist auch der Kasper aufgewacht. „Der Zauberer hat
Ilonas Stimme!“, kräht er.

„Und Ilonas Ring!“, sagt die Prinzessin.

„Richtig geraten“, sagt der große Zauberer. „Ich bin Ilona.
Wir haben uns nämlich alle verkleidet.“

Die große Prinzessin kniet sich zu Prinzessin Oliane
herunter. „Gefalle ich dir?“, fragt sie ihre kleine Freundin.

Oliane schaut in ihre lustigen braunen Augen.
„Prinzessin Linda, wunderschön!“, ruft sie aus und klatscht
in die Hände. Doch dann schaut Oliane ängstlich zu dem
wilden Räuber hinüber.

„Ich bin der Räuber Theobald!“, schreit der. „Ich fange
alle Prinzessinnen und sperre sie in meiner Räuberhöhle

ein!" Im Nu packt er Linda und zerrt sie in die Matratzen-
ecke vom Tobezimmer. Linda quietscht wie ein Ferkel und
strampelt mit den Beinen. Da taucht doch tatsächlich noch
ein zweiter Räuber auf. Er ergreift Prinzessin Oliane und
bringt sie zu Linda in die Räuberhöhle.

„Lasst uns frei, ihr blöden Räuber!", schreien beide
Prinzessinnen.

„Wer sie befreien will, muss mit mir kämpfen!", sagt
Räuber Theobald und stellt sich vor die Höhle.

„Ha, dich besiege ich doch gleich!", ruft der Kasper
mutig.

„Na los, komm her und zeig, was du kannst, kleiner
Zwerg!", sagt Theobald. Alle Kinder halten den Atem an.
Hat sich der Kasper da nicht ein bisschen überschätzt?

Der Kasper springt vor Theobald auf und ab und macht ein lautes Kriegsgeschrei.

„Ich krieg dich!", ruft der Räuber und will den Kasper festhalten.

Doch der klammert sich plötzlich an Theobalds Bein fest. Der Räuber stolpert und fällt auf seine dicke Pappnase. Theobalds prächtiger Räuberbart rutscht herunter.

Alle erkennen jetzt Maltes Gesicht und lachen.

„Hurra! Wir sind frei!", ruft Prinzessin Linda.

„Ist mein Kasper nicht tapfer?", fragt Oliane stolz.

Markttag

„Wir wollen auch mit auf den Wochenmarkt!", ruft der Kasper.

„Das geht nicht", sagt Ilona. „Auf dem Markt wimmelt es von Menschen, da könnten wir euch verlieren. Und außerdem würdest du bestimmt nur herumkaspern!"

Der Kasper verzieht beleidigt den Mund.

Doch Prinzessin Oliane flüstert ihm zu: „Warte, ich habe eine Idee!"

Sie saust zur Garderobe. Neben Ilonas Jacke hängt die große Einkaufstasche. Schnell hüpft Oliane hinein.

„Komm, Kasper, hier findet uns niemand!", sagt sie leise.

Auf dem Wochenmarkt guckt der Kasper neugierig aus der Tasche heraus. „Wie toll! Ich sehe riesige Berge von Orangen und Äpfeln. Ich muss hinaus!"

Schon schlüpft der Kasper aus der Einkaufstasche.

Prinzessin Oliane schaut ihm nach. „Kasper, mach keine Dummheiten!", ruft sie ihm hinterher.

Zu spät. Schon turnt der Kasper über einen Verkaufstisch. Die ersten Äpfel kullern durch die Gegend. Jetzt wirft er auch noch ein paar Äpfel in die Luft, als wären es Jonglierbälle.

„Halt, was tust du da!", schreit die Marktfrau vor Entsetzen. Sie will den Kasper packen, aber da hüpft er schon auf den nächsten Verkaufsstand. Er balanciert eine dicke Orange auf der Nase und lacht.

Da packt ihn plötzlich der Verkäufer am Kragen. Er stopft den zappelnden Kasper in eine Kiste und lässt den schweren Deckel zufallen.

Prinzessin Oliane klettert schnell auf Lindas Arm. „Hilfe, Linda, der Obstverkäufer hat den Kasper in der Kiste eingesperrt, wir müssen ihn befreien!"

Auch Ilona hat Olianes Worte gehört.

Sofort laufen alle Kinder der Bärengruppe zu dem Obstverkäufer. Aus der Kiste hören sie lautes Jammern und Schimpfen.

„Das ist unser Kasper!", rufen sie.

„Von mir aus könnt ihr den Lausebengel wieder mit-
nehmen", sagt der Verkäufer.

Ilona befreit den Kasper und setzt ihn in ihre Einkaufstasche. „So, da bleibst du jetzt drin", sagt sie. Vorsichts-
halber knöpft sie die Tasche zu.

Der Kasper zappelt und schimpft auf dem Heimweg.

Verwundert drehen sich die Leute nach Ilona um.
„Horch mal, Mama. Aus der Tasche kommen ganz komi-
sche Geräusche. Ob die Frau wohl ein Tier gefangen hat?",
fragt ein kleines Mädchen.

Doch Ilona achtet nicht darauf. Eisern hält sie die Tasche
fest. So schnell kommt ihr der Kasper nicht mehr heraus.

Annelies Schwarz wurde 1938 in Böhmen geboren. Sie studierte Pädagogik und bildende Kunst, war Lehrerin und Lehrbeauftragte für Spiel- und Kindertheater. Ihr erstes Buch „Wir werden uns wieder finden" kam auf die Auswahlliste zum Deutschen Jugendliteraturpreis. Für ihre Kinder- und Jugendbücher wurde sie 2001 mit dem Sudetendeutschen Kulturpreis für Literatur ausgezeichnet.

Lila L. Leiber wurde 1955 in Polen geboren. Sie studierte Werbegrafik und arbeitete danach in verschiedenen Agenturen. Seit 1982 lebt sie in Hannover. Lila L. Leiber hat bereits zahlreiche Kinder- und Schulbücher illustriert. Ihre besten Kritiker sind ihre beiden kleinen Söhne David und Robert.

Vorlesen und erstes Lesen

mit Loewe

3-Minuten Geschichten
zum Lachen und Träumen

ISBN 3-7855-4090-6

www.loewe-verlag.de

Loewe

ISBN 3-7855-4337-9

ISBN 3-7855-4340-9

ISBN 3-7855-4156-2

ISBN 3-7855-4158-9

Mein erstes LeseBilderBuch

Mit Lotta auf dem
Ponyhof

Julia Boehme
Ines Rarisch

ISBN 3-7855-3860-X

Mein erstes LeseBilderBuch

Annas erster
Schultag

Julia Boehme
Antje Flad

ISBN 3-7855-3861-8

Mein erstes LeseBilderBuch

Auf dem
Spielplatz
ist was los!

Julia Boehme
Julia Ginsbach

ISBN 3-7855-3981-9

Mein erstes LeseBilderBuch

Die Freunde vom
Bauernhof

Hermien Stellmacher

ISBN 3-7855-3982-7

Loewe